RÉSIDENCES ROYALES DE LA LOIRE.

CHAMBORD,

Quelques Pages de son Histoire,

PAR

M. J. LOISELEUR,

Bibliothécaire de la ville d'Orléans.

Extrait de la REVUE CONTEMPORAINE du 31 Janvier 1861.

ORLÉANS,
IMPRIMERIE DE PAGNERRE, RUE VIEILLE-POTERIE, 9.

1861.

Une étude complète sur Chambord doit faire partie d'un livre sur les **Résidences royales de la Loire** que son auteur se propose d'imprimer prochainement.

Les pages qui suivent, publiées dans la **Revue contemporaine**, sont moins un extrait de cette monographie qu'un résumé sommaire dans lequel l'auteur a resserré, de façon à les faire entrer dans le cadre ordinaire d'un article de Revue, quelques-unes des appréciations, quelques-uns des événements qui font l'objet de l'étude sur Chambord. Toute publication a son caractère et ses exigences : un livre réclame des développements, une suite, un enchaînement, des jugements appuyés de preuves que ne comporte pas une Revue.

LE CHATEAU
DE CHAMBORD,

QUELQUES PAGES DE SON HISTOIRE.

Une idée triste saisit involontairement le voyageur qui parcourt ce qui reste des grandes seigneuries féodales ou des palais bâtis sous les deux dernières races de nos rois ; cette idée est celle de la destruction, qui, dans un avenir trop rapproché, attend ces nobles demeures.

Pour réparer les outrages du temps et ceux des hommes, pour faire revivre dans toute leur première splendeur ces édifices faits pour des besoins et des habitudes inconnus aujourd'hui, il faut des soins infinis, des dépenses énormes, une profonde connaissance du goût, des mœurs, de la vie intime de l'époque à laquelle ils furent élevés ; il faut enfin se résigner, une fois l'œuvre accomplie, à ne plus voir en eux que des espèces de musées, d'immenses objets d'art pour l'étude et la méditation des hommes ; il faut se résoudre à n'y point trouver les commodités de la vie actuelle, et, comme nous le disons, le confortable de l'existence. Avec nos habitudes et nos goûts, nous nous trouvons infiniment mieux logés dans ces boîtes de carton dont la campagne des environs de Paris est déshonorée que dans ces beaux castels féodaux, où la salle des gardes serait inutile et le pont-levis ridicule.

Le château de Chambord, un des plus précieux morceaux de l'art qui marqua en France la transition entre le gothique dégénéré et la renaissance des ordres antiques, avait été bien placé dans les mains du duc de Bordeaux pour sortir de ses ruines et recouvrer son primitif aspect. Le don qu'on en fit en 1821 au fils de l'infortuné duc de Berry était à la fois un acte de réparation et un acte de patriotisme. A ne s'occuper que du point de vue de l'art, c'était encore un fait heureux, et dont tous les hommes de goût devaient se réjouir. Mais les révolutions sont venues, qui ont rendu en partie stériles les bonnes intentions ; le temps a continué ses ravages, et aujourd'hui qui sait si une restauration est encore possible?

Elle a été tentée pourtant par M. le comte de Chambord. Des travaux intelligens ont été exécutés. On a jeté bas les mansardes construites par Louis XIV sur une partie des bâtimens qui ferment la cour. Mais ce n'est là qu'un premier pas. Il reste à débarrasser le vieux monument des terres rapportées par Stanislas, qui enfouissent sa base, et du double plancher qui cache à la vue le magnifique plafond de la salle des gardes. Il reste à restaurer les lucarnes, les cheminées, les clochetons, les innombrables sculptures qui s'élèvent au-dessus de la plate-forme, à rendre un peu de leur éclat aux décorations intérieures. Quelle fortune princière y suffirait? L'Etat seul pourrait accomplir une pareille entreprise, et Chambord mériterait de prendre sa large place dans les préoccupations d'un grand pays qui aurait soin de ses gloires, et chez qui le culte du passé ne serait pas un vain mot.

Chambord est en quelque sorte le Versailles de la monarchie féodale ; il était au château de Blois, cet imprenable asile des Valois, ce que Versailles fut aux Tuileries. C'était la maison de campagne de la royauté. Les tapisseries d'Arras, les miroirs de Venise, les bahuts curieusement sculptés, les lustres de cristal, les meubles d'argent massif, les émaux, les faïences, les miracles de tous les arts, amoncelés dans ce palais pendant huit règnes, et dispersés en un jour par le vandalisme révolutionnaire, n'y peuvent être rappelés que par un monarque assez puissant et assez artiste, assez soucieux de la gloire et des souvenirs de la monarchie pour faire de Chambord ce qu'on a fait de Versailles, et surtout le faire mieux : un musée, mais un musée consacré à toutes les merveilles de la Renaissance, à toutes celles, du moins, dont s'entouraient les souverains, quelque chose comme l'hôtel de Cluny, étendu aux proportions de la vie royale. Napoléon III, dans les premiers jours de dictature qui précédèrent l'empire, eut l'idée de collectionner et de réunir tous les objets qui ont appartenu à des souverains français. Qu'on suppose les difficultés matérielles écartées, et ce noble musée installé à Chambord, au lieu d'être perdu dans ce dédale du Louvre, qui en renferme déjà tant d'autres ; une telle idée, si jamais elle devenait réalisable, sauverait de la destruction un modèle unique de l'art français, et ferait à celui qui l'aurait accomplie un plus solide renom que de grandes bâtisses, dont il est permis de discuter la valeur et de critiquer sévèrement les défauts.

I

On s'est souvent demandé pourquoi François Ier, à qui les bords de la Loire présentaient tant de sites agréables, a choisi, pour asseoir la merveilleuse construction qu'il projetait, un lieu sauvage, perdu au milieu de plaines arides. On a attribué ce choix étrange à la passion du roi pour la chasse et au souvenir de relations amoureuses qu'il aurait eues, avant son avènement au trône, avec la belle comtesse de Thoury, châtelaine du voisinage. Indépendamment de ces motifs, qui furent sans doute pour beaucoup dans son choix, la sauvagerie même des lieux, l'éloignement de la Loire, qui lui rappelait trop la vie officielle et les soucis journaliers de la royauté, furent pour François Ier des raisons déterminantes. Les rois, comme les particuliers, et plus qu'eux encore, éprouvent le besoin d'enfouir parfois leur vie et de se bâtir un nid perdu et lointain où ils puissent vivre pour eux et pour ceux qu'ils aiment. Chambord, d'ailleurs, avec ses innombrables chambres, avec ses escaliers dérobés, ses passages souterrains, semble tout entier bâti pour l'amour qui cherche l'ombre et le mystère. En même temps qu'il cachait ce palais au sein des plaines incultes de la Sologne, François Ier élevait au milieu du bois de Boulogne un château où il voulait s'enfermer de temps en temps avec quelques savans et quelques artistes, et auquel les courtisans, qui en étaient expressément bannis, donnèrent par épigramme le nom de Madrid, en souvenir de la captivité qu'avait subie leur maître. Chambord, comme Madrid, n'était pas une prison, c'était une solitude.

Ce sentiment du charme étrange qui s'attache à la situation de Chambord sera partagé par tous les artistes qui visiteront ce château. Au bout d'une longue avenue de peupliers qui porte, comme toutes les routes de cette résidence, un nom illustre, on voit peu à peu poindre et sortir de terre un monument féerique. Au milieu de ce sable aride et de ces bruyères stériles, l'effet est d'autant plus saisissant qu'il est inattendu.

Un génie d'Orient, comme l'a dit un poète, semble l'avoir dérobé au pays du soleil pour le cacher dans celui du brouillard et abriter les amours d'un beau prince. Au sommet d'une masse imposante de bâtimens, dont l'œil ne discerne pas bien l'ordonnance, au-dessus de terrasses garnies d'élégans balustres, jaillit, comme d'un sol fécond et inépuisable, une incroyable végétation de pierre sculptée, fouillée, travaillée de mille manières. C'est une forêt de campaniles, de cheminées, de lucarnes, de dômes, de tourelles, dentelés, découpés, contournés avec un caprice qui n'exclut ni l'harmonie ni l'unité, et que décorent des F, des salamandres et aussi des mosaïques d'ardoise imitant le marbre, pauvreté singulière au milieu de tant de richesse. L'élégante lanterne à jour du grand escalier domine cet ensemble de pinacles et de clochetons et baigne dans l'azur sa fleur de lis colossale, dernier point pyramidant parmi tant de pyramides, dernière couronne de tous ces couronnemens.

On a défini avec raison Chambord un ancien château gothique habillé à la Renaissance. Ce château signale, en effet, la transition de l'art gothique à celui de la Renaissance, et offre un des plus curieux exemples de ces constructions de style mixte qui furent élevées en France au commencement du règne de François Ier. Si Chambord, par son enceinte flanquée de tours, par l'ampleur de ses lourdes masses, rappelle les manoirs féodaux du moyen-âge, il rappelle aussi les élégantes constructions du XVIe siècle par la profusion des ornemens prodigués à partir de la naissance des combles, et l'on peut dire que, gothique jusqu'aux plates-formes, il appartient à la Renaissance à partir des terrasses. La disposition caractéristique des châteaux féodaux se retrouve dans le corps principal du château, qui forme un véritable donjon, vaste parallélogramme garni d'une tour à chaque angle, et qui, dans la pensée première de François Ier, devait sans doute former tout l'édifice. A l'inverse de presque toutes les grandes conceptions, qui d'ordinaire naissent d'un jet, Chambord s'est formé successivement et par voie de juxta-position.

Quand, par une des quatre portes qui ouvrent au milieu de ce donjon, on pénètre dans cette vaste solitude de pierre, le premier mouvement n'est pas pour l'admiration, il est pour le recueillement. L'abandon et la nudité doublent les proportions, le bruit des pas éveille de lugubres échos ; on se sent pris de ce respect silencieux qui nous frappe involontairement sous les voûtes élevées et solitaires. Le célèbre escalier qui occupe le centre de l'immense salle des gardes paraît d'abord au-dessous de sa réputation. L'œil et l'esprit ont besoin de temps pour s'y habituer et en apprécier l'originalité. Mais l'examen démontre bientôt la hardiesse et les beautés d'une telle conception. L'escalier de Chambord est à lui seul un monument.

Qu'on se figure, renfermées dans une cage tout à jour, complètement isolée et servant de point central à quatre vastes salles, deux rampes superposées, se déroulant en spirale, et passant alternativement l'une sur l'autre sans se réunir ; qu'on imagine cette spirale montant à travers la voûte qu'elle perce, et se développant ensuite à l'air libre jusqu'à une hauteur de près de deux cents pieds, et l'on aura une idée de cette œuvre célèbre, qui a épuisé les éloges de tous les connaisseurs. Les deux planchers, qui forment le premier et le second étage, n'existaient pas dans la donnée primitive de l'architecte, en sorte que la double rampe se déroulait librement au centre d'un vaste espace dont la hauteur égalait presque l'étendue depuis le sol jusqu'à la voûte sculptée qui supporte les terrasses. L'épaisseur des murailles latérales, les cheminées des étages supérieurs évidemment construites après coup, les entailles faites aux rampes de l'escalier pour permettre l'entrée des salles, tout atteste que telle était bien la disposition première.

On a hâte d'arriver à la plate-forme et d'examiner dans ses détails la forêt de pierre sculptée qui la décore. L'ensemble qui, d'en bas, paraît un peu touffu et papillotant, se dessine, vu de près, dans un ordre harmonieux et régulier. Là tout est prétexte à sculpture : les pilastres, les dômes, les niches, les campaniles, les cheminées, les lucarnes, les frises, tout porte l'empreinte d'un ciseau ingénieux, plus fécond toutefois que délicat, plus préoccupé de l'effet général que de la fine exécution des détails. Cette multiplicité d'ornemens, dont bon nombre n'ont d'autre raison d'être que le caprice qui les a créés, a soulevé quelques critiques. Un goût sévère et pur, a-t-on dit, ne saurait admettre en architecture que ce qui est motivé par un besoin et autorisé par la raison. Le magnifique couronnement du grand escalier échappe du moins à cette critique. Il se compose de huit arcades gigantesques, accompagnées de colonnes et de pilastres chargés de salamandres et d'F couronnées. Un belvédère d'une légèreté aérienne, surmonté lui-même d'un élégant campanile, termine ce couronnement. Des niches, aujourd'hui vides, contenaient les statues de quelques-uns des maîtres de cette royale demeure.

On a du reste singulièrement exagéré le mérite architectural de Chambord. Nous n'ignorons pas qu'il est souvent périlleux de rompre en visière aux idées reçues. Il faut pourtant oser dire que le plan général manque d'ensemble et d'unité, qu'on y sent en bien des endroits le tâtonnement, les retouches et les adjonctions faites après coup ; qu'il est médiocrement approprié aux habitudes françaises et aux nécessités de notre climat. Cette immense plate-forme à l'italienne, ces galeries à jour et qu'on a été contraint de fermer, ces quatre gros pavillons qui, dans l'origine, ne communiquaient ensemble que par les terrasses et qu'il a bien fallu, dans la suite, relier par des planchers intermédiaires en détruisant l'isolement du grand escalier, qui est l'idée mère de toute la construction, tout cela certes est plus magnifique que bien conçu. On compte dans ce dédale de pierre 440 chambres à cheminées et 13 escaliers, sans comprendre ceux qui circulent dans l'épaisseur des murailles ; mais chambres et escaliers sont pour la plupart obscurs, étroits et incommodes. Nous exceptons bien entendu de cette critique les deux escaliers à jour qui s'avancent hors-d'œuvre, dans les cours de l'est et de l'ouest, au point de jonction de la façade et des ailes, et dont la coupole, ceinte de fleurs de lis colossales, est soutenue par des cariatides. Les amateurs de l'art de la Renaissance admirent avec raison l'oratoire de la reine de Pologne, dont la voûte est chargée d'élégans cartouches et au-dessus de laquelle s'étend une petite terrasse qui tenait à la chambre à coucher du roi. C'est là que le vainqueur de Marignan, dans les belles soirées d'été, venait causer d'amour et de guerre avec les dames et les seigneurs de son intimité, qu'on appelait la petite bande de la cour. Mais ce charmant oratoire est un hors-d'œuvre, évidemment ajouté après coup, et qui, vu de l'extérieur, produit sur la ligne droite de la façade des jardins une saillie désagréable à l'œil.

L'architecte inconnu de Chambord était, on le sent, un Français, et très-probablement un Français des bords de la Loire, qui reproduisait les formes essentielles des manoirs féodaux qu'il avait sous les yeux et cherchait en même temps à satisfaire le goût du roi pour les constructions italiennes, sans réussir à marier heureusement les deux architectures. Tous les connaisseurs conviennent aujourd'hui que Chambord est une œuvre nationale, et qu'on y chercherait vainement les caractères généraux auxquels on reconnaît l'architecture italienne du xvie siècle. Aussi l'opinion qui en faisait honneur à Primatice est-elle généralement abandonnée. Mais la science moderne a voulu pousser plus avant, et découvrir le nom du grand artiste auquel est dû cet illustre monument. Sans nier l'importance ni le mérite des recherches faites sur ce point, nous oserons affirmer que le mot de l'énigme est plutôt entrevu qu'expliqué.

Deux érudits, M. Cartier (d'Amboise) et M. André Salmon, élève de l'école des Chartes, ont découvert, l'un un terrier de la baronnie d'Amboise, où, sous la date de 1536, un certain Pierre Nepveu dit Trinqueau, habitant d'Amboise, est qualifié maître de l'œuvre de maçonnerie de Chambord, l'autre, un marché conclu le 9 mai 1544 pour la construction de travaux d'importance secondaire qui devaient être exécutés dans les bâtimens de Chambord, sous la surveillance de Jacques Cogneau, maître maçon de ces bâtimens. A l'heure qu'il est, il ne manque pas de gens fermement convaincus que l'architecte qui fournit le plan de Chambord fut Pierre Neveu et qu'il eut pour successeur Jacques Cogneau. Sans nier l'intérêt qui s'attache à ces documens, nous ne saurions admettre les conclusions qu'on prétend en tirer. Selon nous, ils établissent seulement le nom des architectes qui, en 1526 et 1544, dirigeaient les travaux. Mais les premières constructions de Chambord sont antérieures de dix ans au moins à la plus ancienne de ces pièces, et elles durent être précédées d'un plan mûrement conçu et qui fut, on le sait, plusieurs fois remanié. On ne saurait donc tirer de ces deux titres qu'une simple induction en faveur de l'origine toute française de l'auteur de ce plan ; mais rien ne prouve que cet auteur fut Pierre Neveu.

Ce qui, mieux encore que les documens qu'on a produits, établit que l'auteur de Chambord était Français, c'est d'abord l'existence à Tours, c'est à dire près de ce château, d'une école d'architecture, qui dès cette époque avait produit des chefs-d'œuvre, et à laquelle déjà François Ier avait fait d'importantes commandes. De cette école sortirent Pierre Valence, l'architecte du château de Gaillon, Colin Brard, qui le seconda dans cette construction et qui édifia à Paris le pont Notre-Dame, Michel Columb, l'auteur du magnifique tombeau du duc François II de Bretagne, Jean Juste, que François Ier appelait son sculpteur ordinaire, et qui exécuta le mausolée élevé par Louis XII à sa famille dans l'église Saint-Denis. C'est ensuite l'architecture même de Chambord, si lourde, si massive dans ses lignes générales, si conforme aux principes de notre architecture féodale, italienne seulement dans ses superfétations, mais essentiellement différente toutefois de celle qui florissait alors en Italie. Qu'importe après cela le nom de l'artiste modeste, qui, soit dédain de la gloire, soit ignorance de son propre mérite, produisit cette œuvre hybride sans la signer ? « C'est quelque maître des œuvres françaises, quelque Claude ou Blaise de Tours ou de Blois, » a dit quelque part M. Violet le Duc. Tant qu'un document précis et sans réplique n'aura pas été découvert, nous croyons qu'on fera bien de s'en tenir à cette sommaire détermination.

II.

Les historiens sont partagés sur l'époque où François I*er* entreprit de métamorphoser en palais royal ce vieux manoir de Chambourg, ancienne possession des comtes de Blois et de la maison d'Orléans, réunie à la couronne par l'avènement de Louis XII. Mais que ce soit en 1523 ou en 1526 qu'ait été commencée cette coûteuse folie, il n'en est pas moins vrai que cette audacieuse entreprise contrastait singulièrement avec la détresse du trésor. En 1523, le Milanais venait d'être perdu, faute d'argent, et le roi s'était vu réduit à emprunter l'argenterie des particuliers et à prendre de force les trésors des églises. En 1526, au lendemain de la captivité et du ruineux traité de Madrid, les embarras financiers étaient plus sérieux encore. L'argent manquait au roi pour la rançon de ses fils, pour la guerre d'Italie, pour la dette contractée envers Henri VIII, et c'est ce moment qu'il choisissait pour commencer ou poursuivre la construction de châteaux tels que ceux de Follembray, Challuau, Blois, Madrid, Villers-Cotterets, et pour jeter dans les plaines incultes de la Sologne les fondations d'une œuvre gigantesque, qui allait occuper pendant plus de douze ans les bras de dix-huit cents ouvriers. Soyons indulgens, toutefois, pour des inconséquences et des prodigalités dont la postérité, après tout, devait recueillir les fruits. N'oublions pas que notre architecture nationale de la Renaissance leur doit son origine, et qu'elles fournirent d'honorables emplois aux grands artistes chassés d'Italie par les troubles civils.

En 1539, lorsque Charles-Quint traversa la France pour aller châtier la révolte des Pays-Bas, le donjon était la seule partie du château de Chambord qui fût terminée; et cependant l'empereur s'écria dès qu'il l'aperçut « qu'il regardait ce château comme un abrégé de ce que peut effectuer l'industrie humaine. » Le prince espagnol, habitué aux sombres solitudes de son palais de Madrid, dut en effet se trouver dépaysé sous ces voûtes que Léonard et Primatice venaient d'orner de leurs riantes créations. Telle galerie était pleine de fresques dues à Jean Cousin et des principaux ouvrages de Léonard de Vinci. Dans cette autre, François I*er* avait rassemblé les portraits des savans grecs qui se réfugièrent en Italie après la prise de Constantinople et apportèrent en Europe les lumières de l'antiquité. Chambord, d'ailleurs, offrait à Charles-Quint d'autres attraits et d'autres plaisirs. « Il y passa quelques jours, dit d'Avity, pour la délectation de la chasse aux daims qui étaient là à très-grande foison. » Un certain Claude Chapuis, valet de chambre du roi, nous a laissé le récit rimé de ce séjour du monarque Espagnol à Chambord. Les rois, depuis Charles V jusqu'à Louis XIV, ont fait aux poètes illustres de leur temps l'honneur de les prendre pour valets de chambre. Mais tous ces valets de chambre n'ont pas eu le talent de Molière ; on nous dispensera de citer les vers de Chapuis.

Si l'on en croit une tradition précieusement conservée à Chambord, Louis XIV aurait brisé de sa main la vitre où François Ier avait tracé avec la pointe d'un diamant le distique célèbre qui a si heureusement inspiré de nos jours un compositeur italien. Quelques sceptiques, au contraire, prétendent que ce curieux monument ne fut point sacrifié pour plaire à Mlle de la Vallière, mais simplement vendu à un Anglais collectionneur. Peut-être mettrons-nous tout le monde d'accord en démontrant que, selon toute apparence, il n'a jamais existé à Chambord. Ecoutons Brantôme, le premier en date des nombreux écrivains qui ont parlé de l'inscription tracée par François Ier, et le seul qui en ait parlé après l'avoir vue. » Il me souvient, dit-il, qu'une fois, m'étant allé promener à Chambord, un vieux concierge qui avait été valet de chambre du roi François Ier, m'y reçut fort honnêtement et, m'ayant mené à la chambre du roi, il me montra un escrit au costé de la fenêtre : Tenez, dit-il, lisez cela, monsieur, si vous n'avez veu de l'écriture du roy mon maître, en voilà ; et l'ayant leu, en grandes lettres il y avait ce mot : *Toute femme varie.* » Le célèbre distique se réduit donc à trois mots tracés au côté de la fenêtre et en grandes lettres. Ajoutons que l'écriture de François Ier était démesurément allongée, et qu'il est fort douteux que deux vers de cette écriture pussent tenir sur une de ces vitres étroites dont on garnissait alors les fenêtres.

Nous croyons également qu'il faut faire bon marché de quelques autres anecdotes dont l'imagination peu scrupuleuse des faiseurs de monographies s'est plu à égayer l'histoire aride de Chambord; celle par exemple qui est relative au billet caché par Mlle de Hautefort sous sa collerette, et aux pudiques pincettes dont Louis XIII se servit pour aller chercher le papier dans sa jolie cachette. Ce prince donna Chambord à Gaston d'Orléans en même temps que le comté de Blois par lettres patentes de juillet 1626. Brouillé presque aussitôt après avec son frère, on ne voit pas qu'il ait, depuis cette époque, fait acte de présence dans ce château, qui ne lui appartenait plus. Or, en 1626, Mlle de Hautefort n'avait encore que dix ans ; l'anecdote est donc, sinon inventée à plaisir, du moins mal placée à Chambord. J'en dirai autant de l'aveu que la grande Mademoiselle fit de sa passion à son amant en ternissant de son souffle une glace sur laquelle elle écrivit ensuite le nom de Lauzun. Ce n'est pas à Chambord, comme l'a écrit M. Merle, mais bien à Saint-Germain que l'aventureuse fille de Gaston imagina cet artifice.

Mais il faut glisser légèrement sur ces anecdotes d'une authenticité douteuse; c'est seulement lorsque apparaissent Louis XIV et Molière que les annales de Chambord se lient par des rapports intéressans avec l'histoire politique et littéraire de la France.

III.

Deux charmantes comédies de Molière, pleines de verve et de gaieté, *Pourceaugnac* et le *Bourgeois gentilhomme*, ont été représentées pour la première fois à Chambord. La salle de spectacle était placée au second étage, dans la pièce du donjon qui tient à la tour de l'est, et la loge du roi, ouverte en face du théâtre, se trouvait appliquée à la cage de l'escalier. La mort de Madame, arrivée à Saint-Cloud trois mois auparavant, avait plongé la cour dans l'épouvante et la consternation ; mais l'esprit de Louis XIV s'arrangeait peu de ces tristesses qui troublaient ses félicités égoïstes. « Le roi, dit le chevalier d'Arvieux, ayant voulu faire un voyage à Chambord pour y prendre le divertissement de la chasse, voulut donner à sa cour celui d'un ballet, et comme l'idée des Turcs, qu'on venait de voir à Paris, était encore toute récente, il crut qu'il serait bon de les faire paraître sur la scène. Sa Majesté m'ordonna de me joindre à MM. de Molière et de Lulli pour composer une pièce de théâtre où l'on pût faire entrer quelchose des habillemens et des manières des Turcs. Je me rendis pour cet effet au village d'Auteuil, où M. de Molière avait une maison fort jolie ; ce fut là que nous travaillâmes à cette pièce que l'on voit dans les œuvres de M. de Molière sous le nom du *Bourgeois Gentilhomme*. »

Le *nous travaillâmes* du chevalier d'Arvieux ne manque pas de fatuité. Sa collaboration, dont aucun biographe de Molière n'a fait mention, se borna sans doute à quelques indications sur les mœurs et costumes des Turcs, qu'il connaissait pour avoir séjourné douze ans dans les Echelles du Levant. Quoi qu'il en soit, c'est sur cette trame un peu légère, fournie par le roi, que Molière dut travailler. Louis XIV aimait assez à intervenir de la sorte dans le choix ou le développement des œuvres qui devaient contribuer à ses plaisirs. Il avait déjà indiqué à Molière le sujet de plusieurs pièces écrites pour les divertissemens de la cour ; les *Fâcheux* et les *Amans magnifiques* par exemple. C'est à cette demi-collaboration royale dans le *Bourgeois gentilhomme* que sont dus le ballet des garçons tailleurs, le pas des six cuisiniers, le concert des musiciens italiens, la cérémonie finale des mamamouchis, tous les intermèdes enfin destinés à provoquer le gros rire des courtisans et à désennuyer une cour que l'esprit seul (celui de Molière !) ne suffisait plus à dérider.

Malgré tous ces efforts et toutes ces concessions du poète, la pièce n'obtint d'abord aucun succès. Le roi, préoccupé sans doute de quelque grave affaire, l'écouta d'un bout à l'autre, sans aucune marque d'approbation ; il garda le même silence, la même réserve au souper qui suivit le spectacle, au coucher, où Molière remplissait les fonctions de valet de chambre. Un instant, les courtisans purent croire que le roi partageait leurs susceptibilités à l'encontre des personnages de Dorante et de Dorimène, et ne pardonnait pas au poète d'avoir osé transformer en aigrefins un gentilhomme et une marquise. Molière, inquiet, retiré dans sa chambre, envoyait de temps en temps Baron à la découverte ; mais il arrivait ce qui arrive toujours dans le monde, ou une opinion toute faite est si commode que chacun l'adopte sans contrôle, surtout quand elle vient de haut et qu'elle tend à abaisser une supériorité. Baron ne rapportait que mauvaises nouvelles. Enfin, le jour de la seconde représentation arriva. Molière, plus mort que vif, parut sous le costume du Bourgeois. Le roi, à qui les bruits de la cour étaient sans doute parvenus, parut prêter à la pièce la plus sérieuse attention ; mais, comme la première fois, il ne donna aucun signe d'approbation. L'ouvrage, dans l'esprit des courtisans, était donc définitivement jugé, lorsque Louis XIV, en se mettant à table, se tourna vers Molière et lui dit : « Je ne vous ai point parlé de votre comédie le premier jour, parce que j'ai appréhendé d'être séduit par la manière dont elle avait été représentée ; mais, en vérité, Molière, vous n'avez encore rien fait qui m'ait plus diverti, et votre pièce est excellente. »

On voit d'ici la joie du poète ; quant aux courtisans, on aurait tort de se figurer leur confusion. A peine l'approbation royale leur fut-elle annoncée, qu'ils entourèrent Molière et l'accablèrent de louanges.

Louis XIV aimait peu Chambord. Le palais déjà vieilli de François Ier, fait tout entier pour les mystérieux rendez-vous, pouvait convenir difficilement au monarque absolu qui ne craignait pas d'étaler au grand jour ses faiblesses. Plus roi qu'artiste, il ne trouvait à Chambord ni assez d'espace ni assez de lumière pour les pompes un peu théâtrales qu'il affectionnait. Aussi abandonna-t-il cette résidence de bonne heure, aussitôt après l'achèvement de Marly. Pendant ses soixante-douze ans de règne, il n'y fit que neuf séjours, le dernier au mois de septembre 1685. Mad. de Montespan, déjà sur son déclin, faisait partie de la suite royale ; elle était dans son carrosse avec trois de ses enfans ; Mad. de Maintenon voyageait dans la voiture du roi avec Mgr et Mad. la Dauphine. Quoiqu'il soit difficile de donner la date précise de son mariage avec Louis XIV, on convient généralement qu'il fut contracté au dernier mois de l'année 1684, c'est-à-dire quelque temps avant ce voyage à Chambord. Malgré les précautions de Louis XIV, l'œil éveillé des courtisans commençait à percer le mystère de cette secrète union. Aussi, pendant tout le voyage, la conduite réciproque des deux rivales fût-elle soigneusement étudiée et commentée. Mad. de Maintenon se comporta avec la retenue, la modestie, dont elle ne se départit jamais, s'effaçant toujours devant les femmes titrées, aimable et polie avec toutes, et surtout avec celle dont elle venait de prendre la place. Mad. de Montespan elle-même, malgré son caractère impérieux et inégal, sut se contenir et se montrer affable envers l'ancienne gouvernante de ses enfans. « Qui les aurait vues, dit Dangeau, aurait cru qu'elles étaient les meilleures amies du monde. »

L'heureux succès des dragonnades fut aussi l'une des grandes préoccupations de ce séjour à Chambord. On était à la veille de la révocation de l'édit de Nantes, signé dix-sept jours après le retour de ce voyage. Chaque jour apportait la nouvelle que des villes entières s'étaient converties en masse. Le roi, dont la bonne foi fut certainement trompée, s'émerveillait d'une réussite si prompte. Le 2 septembre, la veille du départ pour Chambord, il apprit que tous les huguenots de Montauban s'étaient convertis par une délibération prise à la maison de ville. Le jeudi 6, en passant à Châteaudun, il fut informé que plus de cinquante mille huguenots s'étaient convertis dans la généralité de Bordeaux et, dit Dangeau, il nous annonça cette bonne nouvelle avec grand plaisir, « espérant même que beaucoup d'autres suivraient un si bon exemple. » Mais Mad. de Maintenon, plus clairvoyante ou mieux informée, ne se faisait pas d'illusion sur la sincérité de ces brusques apostasies. « Je crois bien, écrivait-elle, que toutes ces conversions ne sont pas sincères... Leurs enfans du moins seront catholiques. »

IV.

Chambord, sous le règne de Louis XV, eut deux maîtres illustres, Polonais tous les deux, car Maurice de Saxe était le fils naturel de Frédéric-Auguste, à qui Stanislas prit et abandonna successivement le trône de Pologne, C'est en 1725 que le roi et la reine de Pologne arrivèrent à Chambord. Leur fille venait de ceindre la couronne de France. Louis XV, connaissant les habitudes de son beau-père, ne pouvait lui assigner une résidence plus tranquille et plus conforme à ses goûts modestes. Le compagnon de Charles XII a laissé là d'honorables souvenirs. Il aimait les mœurs naïves des paysans de la Sologne, jugeait leurs différends, écoutait leurs contes villageois, s'asseyait à leur foyer, et leur prodiguait les marques d'une active charité. On trouve dans les archives du petit village de Chambord, érigé en commune par Louis XIV, un grand nombre d'actes de naissance où Stanislas figure comme parrain, et l'on raconte qu'il mettait une sorte de coquetterie à accorder cette distinction. Il a passé à Chambord huit ans d'une vie paisible, tout entière remplie par l'étude et les bonnes œuvres. Il y écrivait des traités de philosophie, de morale et d'histoire, et préparait ainsi ses titres au surnom de philosophe bienfaisant, sous lequel ses amis ont publié ses ouvrages.

La mort de Frédéric-Auguste (1733) l'arracha de sa modeste retraite ; il se souvint qu'il avait été roi et pensa qu'il pouvait le redevenir. Louis XV lui promettait des secours importans et déclarait fièrement qu'il ne souffrirait pas qu'aucune puissance s'opposât à l'élection du nouveau roi de Pologne. Ces secours se bornèrent à 1,500 hommes. Stanislas avait quitté Chambord à la fin d'août, et fut en effet proclamé roi de nouveau le 12 septembre. Quinze jours après, il était chassé de Varsovie, assiégé dans Dantzig par l'armée russe, traqué de village en village, et enfin sauvé à grand'peine par le dévoûment d'un honnête paysan. Il revint attendre à Chambord la conclusion du traité de Vienne, qui lui conféra, en échange d'une royauté désormais toute nominale, la souveraineté viagère des duchés de Bar et de Lorraine. Ce palais des bords de la Loire, dont il s'arracha à regret, allait bientôt être cédé par son propre gendre au fils de son ennemi, devenu l'oncle naturel du dauphin (1).

Après la bataille de Fontenoy, Louis XV donna Chambord à Maurice de Saxe avec 40,000 fr. de revenus sur le domaine. Le gendre de Stanislas ne crut pas s'être acquitté entièrement par ce don magnifique des services que lui avait rendus celui que Frédéric II appelait le professeur de tous les généraux de l'Europe. Il le nomma maréchal général de ses armées, titre que Louis-Philippe exhuma depuis pour le maréchal Soult. Par son ordre, des casernes s'élevèrent à la porte du château, sur l'emplacement des écuries que Mansard avait projetées pour Louis XIV. Les deux régimens de hulans que le maréchal affectionnait vinrent y tenir garnison, et Maurice, comblé d'honneurs presque royaux, put se croire encore duc de Courlande et général en chef des armées françaises.

Six canons pris sur l'ennemi gardaient l'entrée de la cour, seize drapeaux flottaient dans le vestibule. Des chevaux de l'Oukraine, libres et sans gardiens, vivaient dans le parc et accouraient d'eux-mêmes sur la place d'armes, à l'heure de la manœuvre, que les trompettes sonnaient chaque jour du haut des terrasses du château. La noblesse des environs, d'anciens compagnons d'armes, des écrivains, des artistes, formaient au maréchal une sorte de cour. Comme le roi, il avait ses jours de grand couvert. Il eut même la faiblesse d'ambitionner une prérogative que l'étiquette n'accordait qu'aux têtes couronnées. Il s'agissait d'une sentinelle à l'intérieur de l'appartement. Le maréchal, qui avait 2,000 gardes inoccupés dans ses cours, souffrait impatiemment de n'en pouvoir placer un à la porte de sa chambre à coucher. Enfin, il imagina de faire inscrire ces deux mots : *caisse militaire*, sur une petite porte placée entre la chambre à coucher et le salon ; la sentinelle tant désirée put se promener devant ces deux chambres. Ces petitesses qu'il faudrait taire pour l'honneur des grandes figures historiques, plaisent à la plupart des lecteurs, parce qu'elles montrent qu'il n'y a pas de caractère taillé tout d'une pièce et qu'il reste toujours de l'homme dans le plus grand homme.

C'est à Chambord que Maurice a revu et terminé l'ouvrage qu'il a modestement intitulé *Mes Rêveries*, et qu'il avait d'abord conçu et rédigé avec l'ardeur et la précipitation qu'il apportait en toute chose ; il en avait jeté le plan en treize nuits. Ce livre, dont le maréchal avait trouvé l'idée dans les entretiens

---

(1) Le maréchal de Saxe, fils d'Auguste II et de la belle comtesse de Kœnigsmarck, était le frère naturel d'Auguste III, père de la dauphine.

du célèbre tacticien de Folard, était fort apprécié de Napoléon, auquel il fournit, dit-on, la première idée de la conscription.

La rédaction de ses mémoires, la chasse, les revues, les manœuvres de cavalerie remplissaient à Chambord la moitié des journées de Maurice de Saxe; l'autre moitié était réservée à des plaisirs moins nobles. Maurice, comme La Fontaine, était grand partisan des plaisirs faciles. En amour, comme à la guerre, il aimait les procédés rapides; il disait souvent que les amoureux et les généraux doivent emporter les places d'assaut et dédaigner les longs siéges.

Favart et sa troupe avaient suivi Maurice à Chambord comme ils le suivaient auparavant dans ses campagnes. Etre chanté sur le théâtre, recevoir de l'encens rimé en plein visage, c'était encore là une de ces prérogatives royales auxquelles le vainqueur retraité avait la faiblesse de se montrer sensible. Il avait fait construire au second étage du donjon une jolie salle de spectacle, avec des guirlandes, des trumeaux, du velours d'Utrecht, des amours de cuivre et des girandoles de cristal dans le style du temps. Le maréchal, comme autrefois Louis XIV, avait sa loge en face du théâtre. Au-dessus, une petite loge grillée était réservée pour l'évêque de Blois. On jouait là tous les soirs quelqu'une des œuvres légères de celui

    Qui fit la chercheuse d'esprit,
    Et n'en chercha point pour la faire.

Plus d'une fois, Mad. de Pompadour vint exprès passer quelques jours à sa terre de Menars pour faire au vainqueur de Fontenoy la galanterie d'assister à une représentation de sa troupe. On glosa beaucoup sur ces voyages, dans lesquels la médisance prétendit voir autre chose que le culte de la gloire. Mais la médisance avait tort sans doute, car on assure que, dans une de ses visites, la marquise remarquant les ignobles penchans auxquels le maréchal cédait trop volontiers, et désirant l'arracher à un genre de vie indigne de son nom, lui offrit de le marier. On sait en quels termes le fils d'Auguste II repoussa la proposition. « Au train dont le monde vit de nos jours, il y a peu d'hommes dont je voulusse être le père, et peu de femmes dont je consentisse à être l'époux. » Peut-être la belle Mad. Favart, qui tenait le premier emploi féminin dans la troupe de Chambord, n'était-elle pas sans influence sur ce langage. Les persécutions auxquelles eut recours le maréchal pour dompter cette beauté sévère ne sont pas certainement la plus belle page de son histoire.

C'était l'usage depuis Louis XIV, que les grandes expéditions militaires traînassent à leur suite une troupe de comédiens, chargée d'amuser les longues veilles du camp, de désennuyer la maison royale et l'état-major. Le maréchal avait suivi cette tradition, et, pendant la campagne de 1746, il avait appelé près de lui Favart et sa troupe. On lit dans une lettre de Favart : « J'étais obligé de suivre l'armée et d'établir mon spectacle au quartier général. Le comte de Saxe, connaissant le caractère de notre nation, savait qu'un couplet de chanson, une plaisanterie, faisaient plus d'effet sur l'âme ardente des Français que les plus belles harangues. Il m'avait institué chansonnier de l'armée, et j'étais chargé de célébrer les événemens les plus intéressans. » C'est ainsi qu'à Tongres, la veille de la bataille de Rocoux, il reçut au milieu du spectacle, l'ordre de mêler au vaudeville final de la pièce l'annonce de la bataille du lendemain. Cette bataille, qui devait coûter la vie à douze mille hommes, fut annoncée par le couplet suivant, que vint chanter une charmante jeune première :

> Demain nous donnerons relâche,
> Quoique le directeur s'en fâche ;
> Vous voir comblerait nos désirs ;
> On doit céder tout à la gloire :
> Nous ne songeons qu'à vos plaisirs,
> Vous, ne songez qu'à la victoire.

Puis, comme si Rocoux eût compté d'avance dans le programme des spectacles de la semaine, l'actrice annonça pour le surlendemain le *Prix de Cythère* et les *Amours grivois*. Ces deux pièces furent jouées en effet, au jour indiqué ; seulement bon nombre d'invités manquèrent au joyeux rendez-vous.

Favart, comblé des bontés du maréchal, ne tarda pas à s'apercevoir qu'il était redevable à la beauté de sa femme de cette amitié glorieuse. Cette découverte fut un coup de foudre pour les deux époux dont l'honnête et sincère attachement contrastait singulièrement avec les mœurs faciles et relâchées du théâtre à cette époque. Il fut décidé que Mad. Favart fuirait le camp et chercherait un asile à Bruxelles, sous la protection de la duchesse de Chevreuse. Alors commença contre le couple fidèle une série de persécutions dans lesquelles le comte de Saxe eut l'odieux courage de se faire aider par la police. Favart, ruiné par le retrait de son privilège, et condamné à l'exil, fut réduit à se cacher à Strasbourg au fond d'une cave, où il usait ses yeux à peindre des éventails pour gagner sa vie: en même temps, sa femme portait la peine de sa courageuse résistance ; elle était renfermée dans un couvent aux Andelys.

Le prétexte de ces iniquités était une plainte du père de Mad. Favart sur l'illégalité prétendue de son mariage, plainte que le comte de Saxe, dit-on, avait obtenue à prix d'or de ce père complaisant ; le maréchal cachait ainsi la main d'où partait les coups, et semblait défendre et protéger celle qu'il persécutait. Il lui écrivait, le 26 octobre 1749 : « J'ai reçu, au moment où j'allais partir pour Chambord, la lettre que vous m'avez écrite, ma chère Justine ; je n'ai point entendu parler de Favart. . J'ai vu hier au soir M. le maréchal de Richelieu, qui était furieux contre vous. Je rabats cependant tous les coups qui portent sur vous. Plus ne vous en dirai sur ce qui me regarde. Vous n'avez point voulu faire mon bonheur et le vôtre : peut-être ferez-vous votre malheur et celui de Favart ; je ne le cache point, mais je le crains. Adieu. » Le maréchal, comme on le voit, se départait singulièrement de ses principes en faveur de la belle actrice de la Comédie italienne. Lui, qui n'aimait que les rapides campagnes, se résignait à un siége en règle. Il fut vainqueur cette fois encore : Mad. Favart vint faire les honneurs de Chambord, et son mari, rappelé de l'exil, y organisa une troupe d'opéra-comique, qu'on venait applaudir de toutes les villes voisines, de Blois et même d'Orléans.

Cet état de choses dura jusqu'à la mort du maréchal. Favart, délivré de son protecteur, écrivit les lignes suivantes en forme d'oraison funèbre : « Je crois qu'il m'est permis de dire sur la mort de cet illustre homme de guerre ce que le père de notre théâtre disait sur le cardinal de Richelieu :

> Qu'on parle mal ou bien du fameux maréchal,
> Ma prose ni mes vers n'en diront jamais rien ;
> Il m'a fait trop de bien pour en dire du mal ;
> Il m'a fait trop de mal pour en dire du bien.

Maurice de Saxe mourut en effet à Chambord le 30 novembre 1750. « Comme il faut, dit M. Merle, que le peuple trouve toujours une raison singulière à la fin des grands, on attribue celle du maréchal de Saxe à un duel qui aurait eu lieu entre lui et le prince de Conti. Voici ce que m'a raconté le vieux Moret, son valet de chambre : « Vers les derniers jours du mois de novem-
« bre, vers huit heures du matin, une chaise de poste, précédée
« d'un courrier sans couleurs, entra dans le parc de Chambord
« par la porte de Muïdes ; elle s'arrêta au bout de l'avenue du
« parterre. Il en descendit deux personnes. Le courrier se ren-
« dit au château, chargé d'une lettre pour le maréchal, qui était
« encore couché. Monseigneur, après avoir lu cette lettre, s'ha-
« billa à la hâte, fit prévenir son aide-de-camp, et, suivi, de son
« valet de chambre, il descendit par l'escalier dérobé de son ap-
« partement, sortit par les fossés du château, et marcha à la
« rencontre des deux étrangers. Le père Desfins (1) les vit mettre

---

(1) Vieux fermier du parc, dont la famille y est établie depuis plus de deux cents ans, et dont les petits-fils vivent encore (*Note de M. Merle*).

« l'épée à la main, et bientôt les deux inconnus remontèrent en
« voiture, et le maréchal, soutenu par son aide-de-camp, revint
« au château et se remit au lit. Le bruit courut qu'il venait
« d'être blessé par le prince de Conti ; mais on ordonna le plus
« grand secret à tous les gens de service. On expédia un cour-
« rier à Fontainebleau, où se trouvait la cour, et le roi envoya
« aussitôt, dans une de ses voitures, son médecin, M. de Sénac,
« qui arriva quelques heures avant la mort. »

Telle est la tradition populaire ; mais les historiens, les biographes sont d'accord sur ce point que Maurice mourut des suites d'une fièvre putride, occasionnée par ses excès. A la première nouvelle du danger, le roi avait, en effet, expédié à Chambord Sénac, son premier médecin. « Il est trop tard, docteur, lui dit le mourant, je sens que la vie n'est qu'un songe ; le mien a été beau, mais il a été court. »

Louis XV, si oublieux d'ordinaire et si ingrat envers les plus dévoués de ses serviteurs, se montra sensible à cette catastrophe, et fit rendre au maréchal les plus grands honneurs. Le corps fut exposé pendant quarante jours, dans une chapelle ardente, sur un lit de parade, qu'entouraient seize drapeaux conquis à Lawfeld et à Rocoux. Pendant les dix premiers jours, les six canons donnés par le roi au maréchal tirèrent de quart d'heure en quart d'heure. « Je n'ai plus de général, avait dit Louis XV en apprenant cette mort : il ne me reste que des capitaines. » Le mot de Marie Leczinska est plus connu : « Il est bien fâcheux qu'on ne puisse pas dire un *De Profundis* pour un homme qui a fait chanter tant de *Te Deum*. » Le maréchal était luthérien. On dut, à cause de sa religion, renoncer à l'idée qu'on avait conçue d'abord de l'inhumer à Saint-Denis, près de Turenne, périlleux honneur qui eût plutôt compromis qu'assuré le repos de sa cendre. Encore aujourd'hui, il repose dans l'église luthérienne de Strasbourg, sous un monument qui passe pour le chef-d'œuvre de Pigalle, et qui fut préservé des fureurs dévastatrices de 93 par les soins pieux d'un garde-magasin, qui le couvrit de paille. Le corps de Turenne, au contraire, arraché de sa tombe presque royale, n'a dû qu'à un hasard providentiel d'être conservé, sous une vitre du Jardin-des-Plantes, comme une curiosité d'histoire naturelle.

V.

Chambord fit retour à la couronne après la mort du comte de Frisen, neveu et héritier du maréchal de Saxe. Le roi alors en donna ou plutôt en rendit le gouvernement au marquis de Saumery, dans la famille duquel cette charge était depuis longtemps héréditaire. Le neveu de celui-ci fut dépossédé, en 1783, en faveur du marquis de Polignac, membre de l'illustre famille que ses liaisons avec la reine rendaient alors si puissante. Il faut glisser sur la présence à Chambord de ces hôtes honorables, mais secondaires, qui semblent dépaysés dans ces demeures augustes. Le maréchal de Saxe mort, Chambord n'a plus de maîtres, il n'a plus que des visiteurs. Il en a deux surtout également illustres et terribles, et qui lui ont laissé des traces profondes de leur passage : la révolution et Napoléon.

La révolution a accompli là comme ailleurs son œuvre de colère et de vengeance. Elle a vendu à la criée le précieux mobilier accumulé par tant de rois, trésors de dix règnes dispersés en dix jours. Elle a arraché les tentures des murailles, déchiré les étoffes des fauteuils, fondu les crépines d'or des rideaux, brisé les faïences et les figulines de Bernard Palissy, les émaux de Toutin et de Morlière, les aiguières de Cellini ; elle a tout mis en pièces, tout arraché, jusqu'aux volets des fenêtres, jusqu'aux lambris des murailles, jusqu'aux portes des appartemens. Elle a brisé ce qu'elle ne pouvait enlever, brûlé ce qu'elle ne pouvait vendre. Ce n'était pas encore assez au gré de sa colère. Un membre du directoire du département, ancien chanoine de Vendôme, reçut la mission de faire disparaître toutes les fleurs de lis et les insignes de la royauté mêlés aux ornemens du château. C'était une besogne aussi longue que coûteuse ; le seul enlèvement de la fleur de lis colossale qui surmontait la lanterne devait coûter plus de 40,000 fr. On aurait bâti un château avec ce qu'il fallait dépenser pour mutiler celui-là. Le domaine recula, et s'en remit à la bande noire du soin de le débarrasser de Chambord et de ses fleurs de lis.

Napoléon a laissé à Chambord des souvenirs plus heureux de son court passage. Fils de la révolution, il semble qu'il se soit imposé la tâche de renverser tout ce qu'elle avait élevé, de redresser tout ce qu'elle avait abattu dans ses jours d'ivresse et de colère. Il fit pour Chambord ce qu'il avait déjà fait pour Fontainebleau, et le plaça sous la protection de la Légion d'honneur. Un arrêté du 23 messidor an x en fit le chef-lieu de la quinzième cohorte de la légion, commandée par le général Augereau.

Sous l'Empire, un nouveau décret détacha ce château de la dotation de la Légion d'honneur pour le réunir au domaine de la couronne. Mais Napoléon, dans sa course haletante à travers l'Europe, ne s'arrêta qu'une fois à Chambord. C'était dans la matinée du 14 août 1808. Il avait quitté Bayonne le 21 juillet, après avoir reçu l'abdication de trois rois ; il revenait lentement, à petites journées, recevant à chaque étape de sinistres nouvelles. Peut-être déjà doutait-il de son œuvre et des succès de cette lutte difficile dans laquelle son étoile commençait à pâlir. Peut-être aussi venait-il demander au palais qui avait entendu les sombres conseils donnés à François Ier contre un autre roi d'Espagne des inspirations sur la conduite qu'il devait tenir envers Charles IV. Que faire en effet de ces hôtes illustres qui s'étaient remis à sa générosité, et que l'Espagne redemandait à grands cris, depuis qu'un enlèvement inique leur avait rendu la popularité. Le roi d'Espagne, sa femme, la reine d'Etrurie et le prince de la Paix, étaient à Compiègne ; Ferdinand et son frère Don Carlos avaient été envoyés à Valençay, où M. de Talleyrand les hébergeait provisoirement et de mauvaise grâce. L'Empereur pensa sans doute qu'à cette famille d'Atrides il fallait un palais sombre et désolé comme elle, et qu'à ce point de vue Chambord ne devait rien envier à l'Escurial. Il fit venir Fontaine, son architecte, et le chargea de dresser un devis pour la restauration et l'ameublement. Le devis s'éleva à 9 millions.

Certainement la main de Napoléon était assez puissante pour sauver Chambord de la ruine ; mais ceux qui apprécient à sa juste valeur l'art de l'empire ne regretteront pas que l'édifice ait échappé à cette restauration. Effrayé de la dépense, mais ne voulant pas renoncer à ses desseins, l'Empereur imagina de donner le palais au prince Berthier en récompense des services que ce dernier avait rendus dans la campagne de 1809. Le décret qui fit de Chambord le siége de la principauté de Wagram fut signé à Schœnbrunn le 15 août de cette année. 500,000 fr. de rentes sur le produit de la navigation du Rhin étaient joints à cette splendide dotation, dont les revenus devaient être employés pendant cinq ans au moins à l'ameublement et aux embellissemens du château, afin, disait le décret, de lui rendre son ancienne splendeur. Quoique cette condition fut très-expresse, il est inutile de dire qu'on n'en tint aucun compte. Les généraux de l'empire ne se piquaient pas d'un culte enthousiaste pour les monumens historiques et les œuvres de la Renaissance. Berthier, pendant les deux jours qu'il passa à Chambord, se contenta de faire couper pour 200,000 fr. de vieilles futaies et sculpter ses armes au-dessus de la cheminée d'une des grandes salles du rez-de-chaussée, à la place du chiffre de François Ier.

L'Empire disparut; il ne fut plus question du tribut prélevé sur la navigation du Rhin. Le major-général des armées de Napoléon, devenu à grand'peine l'un des capitaines des gardes de Louis XVIII et obligé, après le retour de l'île d'Elbe, de se réfugier à Bamberg, dans le château du prince de Bavière, son beau-père, tomba d'un des balcons de ce château, frappé, dit-on, d'une attaque d'apoplexie, à la vue de quelques régimens étrangers qui se dirigeaient sur la France. Dès-lors, Chambord devint pour sa veuve une charge sans compensation. Elle obtint de Louis XVIII une ordonnance qui en permettait l'aliénation, et la bande noire allait s'abattre sur cette proie longtemps convoitée, lorsque le duc de Bordeaux vint au monde.

La souscription nationale qui acheta Chambord pour l'offrir au jeune prince et la polémique soulevée par cette souscription occupent une place importante dans l'histoire de la Restauration. Certes, rien ne semblera plus raisonnable et plus patriotique que cette souscription, si l'on veut bien se reporter par la pensée à l'époque même où elle fut proposée. L'événement inattendu qui, après la mort fatale du duc de Berry, donnait un rejeton à la branche aînée, pouvait être considéré par ses partisans et par les sujets vraiment dévoués à sa cause, comme la marque certaine d'une intervention divine. On comprend sans peine que ce groupe de fidèles, désireux d'implanter profondément dans le sol français « ce jeune lis qui sortait d'un tombeau, » ait accueilli avec enthousiasme l'idée de M. de Calonne. Cet apanage offert au nom de 30,000 municipalités du royaume, n'était-ce pas, comme le disait la commission des souscripteurs par la voix de l'archevêque de Paris, son président, une alliance formée entre la France et le duc de Bordeaux, une sorte d'adoption de l'enfant royal par le pays? Combien parmi nous, je parle des plus désintéressés, des moins faciles à séduire par le prestige du pouvoir, ont partagé ces illusions! Combien ont salué avec sincérité cette aurore, comme d'autres avant eux avaient salué celle du roi de Rome! Napoléon, au faîte de la puissance, avait voulu, lui aussi, doter d'un palais magnifique son futur héritier. Mais ce palais est resté à fleur de terre. La branche aînée, mieux inspirée que Napoléon, eut du moins l'heureuse idée d'attacher le nom de son héritier à la conservation d'un des plus beaux fleurons de la France monumentale. La pensée de M. de Calonne était donc, à tout prendre, une pensée généreuse et patriotique; mais, comme il arrive toujours, les courtisans la gâtèrent. Le ministre comte Siméon avait dit dans son rapport au roi (20 décembre 1820) : « Le denier du pauvre mérite d'être accueilli comme celui du riche, mais il ne faut pas le demander. Il serait à craindre qu'on vît une sorte de contrainte dans une invitation si solennelle, venue de si haut, au nom d'une réunion de personnages si importans, qui s'occuperaient à donner une si vive impulsion à tous les administrateurs et à tous les administrés. Si Votre Majesté partageait cette opinion, on retrancherait du réglement proposé par la réunion des souscripteurs tout ce qui est relatif à la correspondance à établir avec les préfets et tous les maires des villes, chefs-lieux de départemens, et quelques expressions qui pourraient prêter à l'invitation de souscrire un caractère qu'elle ne doit pas avoir. »

Le roi approuva ces sages restrictions. Il faut le dire à l'honneur de la Restauration, Louis XVIII mourut sans avoir accepté Chambord, et après huit ans, la commission ignorait si son offre ne serait pas repoussée. Mais les courtisans ne comprirent pas sans doute cette réserve prudente. Grâce à leur zèle inconsidéré, cette souscription qui, pour être belle et pure, devait rester l'offrande spontanée de la nation, ne parut plus bientôt qu'un tribut prélevé par l'adulation sur la faiblesse et la servilité. Maintenue dans de justes limites, elle pouvait passer pour l'expression d'un vœu national : propagée, comme elle le fut, par le zèle inquiet et tracassier des préfets, des maires et des fonctionnaires de tout étage, elle perdit son caractère de spontanéité et devint une vexation qui devait provoquer des représailles.

La brochure de Courier parut. Cette brochure fut un coup de massue. Sans doute le système libéral et parlementaire adopté par la Restauration et largement développé sous Louis-Philippe portait en lui-même son antidote, et la liberté de tout dire ôtait beaucoup de valeur aux vivacités de la parole. Mais la brochure de Courier eut une portée extraordinaire, d'abord parce qu'elle exprimait brièvement, dans un style court, serré, un peu trop grec et trop gaulois, mais acéré et incisif, ce qui était alors dans la pensée de tout le monde ; ensuite parce qu'elle était le ballon d'essai et comme le premier manifeste du parti orléaniste. Courier, en effet, n'avait jamais été bonapartiste, et la branche aînée n'avait jamais su l'attirer à elle et le conquérir. A cette époque de 1821, il avait en égale aversion, comme il le disait lui-même, les coups de sabre et les coups de goupillon, et son idéal, le prince de son choix, c'était dès lors le duc d'Orléans. Jeune, il avait vu de près la gloire militaire ; il avait assisté, dans l'île Lobau, à un massacre de quarante huit heures, et ces boucheries lui avaient donné des nausées. Il ne revint jamais sur cette impression que la bataille de Wagram lui avait laissée. Le côté épique et grandiose de l'Empire lui échappa toujours : il le voyait de trop près sans doute pour être à portée d'admirer l'ensemble aussi vaste qu'imposant de ses conquêtes et de ses institutions. Il ne pensait guère mieux de la Restauration. Cependant, la Restauration, avec la branche d'olivier d'une main et la Charte de l'autre, avec la paix et la liberté, devait, à ce qu'il semble, sourire à son esprit pacifique et indépendant. Mais, ici encore, Courier fut surtout frappé des détails. Il ne fit pas la part des difficultés et des rigueurs inséparables du premier établissement de tout gouvernement. Des tracasseries locales, des vexations transitoires furent pour lui les symptômes d'un système complet et durable. Ce sont des tracasseries locales en effet qui donnèrent lieu au premier pamphlet de Courier, *la pétition aux deux Chambres*. Ce pamphlet le rangea dans les rangs de l'opposition libérale.

L'opposition, en 1816, ne menait pas encore nécessairement, comme depuis sous Louis-Philippe, aux honneurs et au pouvoir, mais elle était déjà considérée comme un rouage indispensable des gouvernemens parlementaires ; elle avait, à ce titre, sa place et ses droits. Une fois engagé dans ses rangs, c'était pour un homme de cœur un devoir d'y rester et presque une honte d'en sortir. Courier y resta donc, et, comme il arrive parfois aux esprits ardens, il s'opiniâtra dans la lutte. Il ne sut pas se maintenir dans le cercle restreint de ses premiers désirs et de ses premières antipathies. Bientôt la logique inflexible de son esprit lui suggéra l'idée de substituer à ce gouvernement qu'il croyait caduc, et qui n'était que mal guidé et mal compris, un gouvernement plus jeune, moins hostile aux idées de la révolution, et qui fît une part plus large aux intérêts de la bourgeoisie, c'est-à-dire de la majorité éclairée de la nation.

Tel est, selon nous, le véritable sens de la brochure sur Chambord. C'est une machine de guerre dirigée contre la branche aînée, dans l'intérêt de la cadette. Pour s'en convaincre, il suffit de parcourir les pages relatives au jeune duc de Chartres, envoyé au collège par son père. « Le duc de Chartres, élevé chrétiennement et monarchiquement, mais, je pense, un peu constitutionnellement, aura bientôt appris ce qu'à notre grand dommage ignoraient ses aïeux, et ce n'est pas le latin que je veux dire, mais ces simples notions de vérités communes que la cour tait au princes et qui les garderaient de faillir à nos dépens..... Exemple heureux autant qu'il est nouveau ! Que de changemens il a fallu, de bouleversemens dans le monde pour amener là cette enfant !..... En un mot, c'est le bruit commun qu'on élève le duc de Chartres comme tous les enfans de son âge. Nulle distinction, nulle différence, et les fils de banquiers, de juges, de négocians n'ont aucun avantage sur lui ; mais il en aura lui beaucoup, sorti de là, sur tous ceux qui n'auront pas reçu cette éducation. »

En opposition avec cette instruction libérale et bourgeoise que reçoit au collége le fils aîné du duc d'Orléans, il faut voir comme Courier étale complaisamment les funestes leçons que Chambord donnera à l'héritier du trône. « Ah ! si au lieu de

Chambord pour le duc de Bordeaux, on nous parlait de payer sa pension au collége !........ Mais à Chambord qu'apprendra-t-il ? Ce que peuvent enseigner et Chambord et la cour. Là tout est plein de ses aïeux. Pour cela précisément, je ne l'y trouve pas bien, et j'aimerais mieux qu'il vécût avec nous qu'avec ses ancêtres. Là il verra partout les chiffres d'une Diane, d'une Châteaubriant, dont les noms souillent encore ces palais infectés jadis de leur présence. Les interprètes, pour lui expliquer de pareils emblèmes, ne lui manqueront pas, on peut le croire, et quelle instruction pour un adolescent destiné à régner ! Ici Louis, le modèle des rois, vivait (c'est le mot à la cour) avec la femme Montespan, avec la fille La Vallière, avec toutes les femmes et les filles que son bon plaisir fut d'ôter à leur mari, à leurs parens. C'était le temps alors des mœurs, de la religion, et il communiait tous les jours. Par cette porte, entrait sa maîtresse le soir, et le matin son confesseur. Là Henri faisait pénitence entre ses mignons et ses moines ; mœurs et religion du bon temps ! Voici l'endroit où vint une fille éplorée demander la vie de son père, et l'obtint (à quel prix !) de François, qui là mourut de ses bonnes mœurs (1)..... Que de souvenirs à conserver dans ce monument où tout respire l'innocence des temps monarchiques, et quel dommage c'eut été d'abandonner à l'industrie ce temple des vieilles mœurs, de la vieille galanterie (autre mot de cour qui ne se peut honnêtement traduire), de laisser s'établir des familles laborieuses et d'ignobles ménages sous ces lambris témoins de tant d'augustes débauches ! Voilà ce que dira Chambord au jeune prince, logé là d'ailleurs comme l'était le roi François I*er*, et comme aucun de nous ne voudrait l'être. Dieu préserve tout honnête homme de jamais habiter une maison bâtie par le Primaticcio. Les demeures de nos pères ne nous conviennent non plus aujourd'hui que leurs lois, et comme nous valons mieux qu'eux à tous égards, sans nous vanter trop, ce me semble, et à n'en juger seulement que par la conduite des princes, qui n'étaient pas, je crois, pires que leurs sujets ; vivant mieux de toute manière, nous voulons être et sommes en effet mieux logés. »

C'est par cette diatribe emportée que Courier répondit à la pression exercée par les courtisans sur les bourses et les consciences. Ceux-ci imposaient au pays la souscription pour Chambord comme une manifestation nationale en faveur de l'héritier

---

(1) Il est inutile de faire remarquer que François I*er* est mort à Rambouillet et non à Chambord. D'un autre côté, l'anecdote relative à Diane de Poitiers, achetant la vie de son père au prix de son honneur, est reconnue fausse depuis longtemps. Courier savait cela mieux que personne, mais l'esprit de parti n'y regarde pas de si près avec l'histoire.

de la branche aînée; il en faisait, lui, sortir pour ce roi au berceau, un rival et un compétiteur. Cette brochure lui valut deux mois de prison et deux cents francs d'amende. On s'était bien gardé d'établir le procès sur son véritable terrain; Courier ne fut accusé que d'outrage à la morale publique; on lui reprochait surtout les lignes suivantes : « Les femmes ont fait les grandes maisons; ce n'est pas, comme vous croyez bien, en cousant les chemises de leurs époux, ni en allaitant leurs enfans... La cour, centre de toute corruption, étend partout son influence. » De là Courier concluait : « Plutôt Chambord démoli qu'offert au prince, c'est-à-dire à la cour... Je fais des vœux pour la bande noire qui, selon moi, vaut bien la bande blanche, servant mieux l'Etat et le roi. Je prie Dieu qu'elle achète Chambord. »

Triste effet de l'esprit de parti ! Celui qui traçait ces lignes sauvages, c'était le même homme qui, en 1799, témoin des rapines exercées en Italie dont on détruisait jusqu'aux ruines, écrivait la lettre où se lisent ces plaintes éloquentes : Dites à ceux qui veulent voir Rome qu'ils se hâtent... Des soldats, qui sont entrés dans la bibliothèque du Vatican, ont détruit, entre autres raretés, le fameux Térence du Bembo, manuscrit des plus estimés, pour avoir quelques dorures dont il était orné. Vénus de la villa Borghèse, a été blessée à la main par quelque descendant de Diomède et l'Hermaphrodite, *immane nefas*, a un pied brisé (1).

---

(1) L'acte d'acquisition de Chambord, par la commission des souscripteurs, porte la date du 5 mai 1821. Le domaine fut adjugé au prix de 1,542,000 fr., à M. le comte Adrien de Calonne, « pour en être fait hommage, au nom de la France, à M. le duc de Bordeaux, au profit duquel ce domaine est en conséquence acheté dès à présent. » (Termes de l'acte de vente.)

VI.

Courier était mort en 1825 ; mais les passions soulevées par sa brochure lui avaient survécu. Aussi Charles X, plus prudent et mieux inspiré que son entourage, hésita-t-il longtemps à accepter l'offre de la commission de Chambord. Quand la duchesse de Berry, partant pour la Vendée, voulut visiter en passant le palais donné à son fils, elle eut mille peines à en obtenir la permission du vieux roi.

Chose rare sur une terre aussi oublieuse que l'est la France ! Ce voyage de la duchesse de Berry à Chambord a laissé dans le pays des souvenirs qui ne sont point encore entièrement effacés. La princesse, partie de Paris le 16 mars 1828, déjeûna à Menars, chez le duc de Bellune, et visita ensuite le château d'Avaray. Elle arriva enfin à Chambord, où l'attendaient plusieurs membres de la commission de souscription. Après avoir examiné les plans et devis dressés pour les réparations les plus urgentes du château, et qui s'élevaient à 180,000 fr., elle posa, dans l'oratoire de la reine de Pologne, la première pierre de cette restauration. L'évêque de Blois bénit la pierre, et la princesse reçut la truelle d'argent des mains de M. Pinault, architecte du château. Elle monta ensuite le grand escalier jusqu'à la fleur de lis, contempla un instant les vastes plaines offertes à son fils ; puis, en descendant, elle grava sous la coupole, avec la pointe d'un couteau, ses deux prénoms et la date de sa visite : « Marie-Caroline, 18 juin. » Cette signature, comme celle de François Ier, est aujoutd'hui cachée sous une couche de plâtre, qui la préserve de l'enthousiasme destructeur des touristes.

La duchesse de Berry revit une seconde fois Chambord : c'était en mai 1830. Elle y accompagnait les princes de Sicile, pour lesquels la cour multipliait les plaisirs et les fêtes. Celle que le duc d'Orléans leur offrit, le 31 mai, et à laquelle Charles X assista, est devenue un événement historique. C'est une de ces fêtes qui a inspiré à Victor Hugo sa belle pièce des *Feuilles d'automne :*

> Voitures et chevaux, à grand bruit l'autre jour,
> Menaient le roi de Naple au gala de la cour.

Eloquent et inutile cri d'alarme! La duchesse était trop femme et trop Italienne pour prêter l'oreille à ce grondement anticipé de la tempête. Elle était loin de prévoir que cette visite, dans laquelle elle faisait à ses parens les honneurs du domaine offert à son fils, serait pour elle une visite d'adieu, et que, dans trois mois, ce fils, l'héritier et le maître promis à tant de palais, n'aurait plus d'autre apanage que ce château à demi-ruiné, inutile et dernier fief, qu'il lui faudrait disputer aux griffes de la chicane.

Une loi parut en effet, qui expulsait les princes de la branche aînée, les déclarait inhabiles à rien posséder en France, et les condamnait à aliéner toutes leurs propriétés dans un délai de deux ans. Non content de l'aliénation forcée, le gouvernement de juillet rêva la confiscation. Il revendiqua, au nom de l'Etat, la propriété de Chambord, prétendant que ce domaine était inaliénable entre les mains du jeune prince de Wagram, et qu'ainsi, il n'avait pu être ni vendu ni acheté. Dans tous les cas, selon le ministère public, Chambord avait été donné au duc de Bordeaux à titre d'apanage, apanage éteint et réuni au domaine de l'Etat par suite des événemens de 1830. Mais c'était devant la justice du pays, en face d'une tribune et d'une presse libres, que se plaidait cette cause entre un prince proscrit et un souverain sur le trône. Le nouveau roi, si heureux en tout jusque-là, eut encore le bonheur de perdre son procès. La cour royale d'Orléans, par un arrêt du 4 mai 1839, maintint le duc de Bordeaux dans la possession du domaine qu'on lui contestait.

Aujourd'hui encore, et malgré deux révolutions nouvelles, le duc de Bordeaux est resté le maître de Chambord. Il semble qu'entre ce maître exilé et ce château désert, il y ait une triste et lointaine harmonie qui remue les cœurs les moins sympathiques. Chaque pierre qui tombe dans ces cours pleines d'herbe sans qu'une oreille humaine en recueille le bruit, n'est-elle pas l'image d'un souvenir qui s'efface, d'une espérance qui va s'amoindrissant? Depuis la révolution de 1848, quelques pièces, la salle de billard de Louis XIV, la chambre à coucher du maréchal de Saxe, ont été sobrement restaurées. Entreprise inutile! Celui pour qui ces salles ont été remeublées, l'hôte royal attendu depuis si longtemps, et qui probablement n'arrivera jamais, ne pourrait sans effroi habiter une seule nuit ces vastes solitudes.

Tiré à 70 exemplaires.

www.ingramcontent.com/pod-product-compliance
Lightning Source LLC
Chambersburg PA
CBHW060607050426
42451CB00011B/2133